Cúrsa Tosaigh Foghraíochta

SÉAMAS Ó MURCHÚ

 AN GÚM
Baile Átha Cliath

© Rialtas na hÉireann, 1985
An chéad chló 1985
Athchló 1995, 1998
Athchló 2008 © Foras na Gaeilge

ISBN 978-1-85791-153-4

Clúdach agus léaráidí: Peter Haigh

Leabhair Dhaite Teo, a chlóbhuail in Éirinn

Le fáil ar an bpost uathu seo:

An Siopa Leabhar,	*nó*	An Ceathrú Póilí,
6 Sráid Fhearchair,		Cultúrlann Mac Adam-Ó Fiaich,
Baile Átha Cliath 2.		216 Bóthar na bhFál,
ansiopaleabhar@eircom.net		Béal Feirste BT 12 6AH.
		leabhair@an4poili.com

Orduithe ó leabhardhíoltóirí chuig:
Áis,
31 Sráid na bhFíníní,
Baile Átha Cliath 2.
eolas@forasnagaeilge.ie

An Gúm, 24–27 Sráid Fhreidric Thuaidh, Baile Átha Cliath 1

Clár an Ábhair

Réamhrá

Is éard atá sna ceachtanna beaga seo, cur síos bunúsach ar fhoghraíocht na Gaeilge, mar a bheadh ag teastáil ó mhúinteoirí. Rinneadh iarracht an téarmaíocht a choinneáil simplí agus deacrachtaí teoiriciúla a sheachaint, i dtreo is go mbeadh an cúrsa oiriúnach do dhaltaí nach raibh eolas ar an ábhar cheana acu. Féadfaidh an múinteoir cur lena bhfuil anseo de réir mar a bhraithfidh sé gá leis.

Ag deireadh gach ceachta luaitear cleachtadh samplach. Tá sé tábhachtach go ndéanfaí cleachtaí den sórt seo, mar ní leor cuntas a léamh ar phointe foghraíochta chun é a thuiscint i gceart.

Níor mhiste an leabhar seo a úsáid in éineacht le *Bunchúrsa Foghraíochta* a scríobh an tSiúr Annunciata le Muire R.S.M. agus tAthair Colmán Ó Huallacháin O.F.M. (Baile Átha Cliath: Oifig an tSoláthair, 1966) agus *Cleachtaí Foghraíochta* le Dónall Ó Baoill, (Baile Átha Cliath: Institiúid Teangeolaíochta Éireann, 1975). Dhá théacs is ea iad seo atá dírithe níos mó ar an té atá ag foghlaim na teanga. Tá mioneolas ar fhoghraíocht na Gaeilge le fáil sna leabhair ar chanúintí na Gaeilge a d'fhoilsigh Institiúid Ard-Léinn Bhaile Átha Cliath.

Noda

C. M.: Gaeilge Chúige Mumhan

C. Ch.: Gaeilge Chúige Chonnacht

C. U.: Gaeilge Chúige Uladh

cp.: cuir i gcomparáid

b: baininscneach

f: firinscneach

1 Roinnt Bunsmaointe

1 An Fhoghraíocht
Is í an fhoghraíocht an t-ábhar staidéir a bhaineann le fuaimeanna na cainte. Ceisteanna dá sórt seo a bhíonn á bplé inti: cé na fuaimeanna atá in úsáid i dteangacha faoi leith? cé mar a dhéantar na fuaimeanna sin? cé mar a théann na fuaimeanna i ndiaidh a chéile i bhfocail? Dá réir sin is í an fhuaim chainte an bunsmaoineamh sa bhfoghraíocht. In áit 'fuaim' is gnách an téarma speisialta 'foghar' a úsáid sa chomhthéacs seo. (Is air sin ar ndóigh atá an focal 'foghraíocht' féin bunaithe.)

2 Taifeach Tosaigh
Chun scrúdú a dhéanamh ar na foghair ní mór iad a dhealú amach ó na focail agus iad a rá leo féin (más féidir). Is í an chéad chéim sa taifeach seo, a dhéanamh amach cé mhéad foghar atá i bhfocal. De ghnáth ní bhíonn sé sin ró-dheacair. An focal *cos*, mar shampla, is léir gur trí fhoghar atá ann. Mar chruthú air sin féach gur féidir an foghar a mhalartú i dtrí áit ann agus nach féidir é a mhalartú ach i dtrí áit; cp. *bos, cas, cor*. Bíonn roinnt cleachtaidh ag teastáil ó dhuine chun bheith in ann na foghair a rá leo féin (gan athrú a chur orthu).

3 An Córas Foghar
Bíonn a córas féin foghar ag gach teanga. Idir dhá scór agus trí scór foghar a bhíonn ann de ghnáth. Is leor an méid sin chun líon gan áireamh focal a chur ar fáil.

4 Foghar agus Fóinéim
Is féidir féachaint ar fhoghar cainte ó dhá thaobh éagsúla. A haon, is féidir féachaint air mar chineál fuaime atá le fáil i gcaint an duine,

7

in aon teanga amháin nó ina lán teangacha; mar shampla an foghar a bhíonn ag deireadh *cos* sa Ghaeilge, tá a leithéid chéanna le cloisteáil sa Bhéarla agus i dteangacha eile. A dó, is féidir féachaint air mar cheann amháin den chóras foghar atá sa teanga atá i gceist. Sa dara cás seo is gnách an téarma nuachumtha 'fóinéim' a thabhairt air.

Seo leanas tábla ina léirítear na litreacha speisialta foghraíochta atá in úsáid sa leabhar seo:

Tábla 1

An litir speisialta	An foghar a seasann sé dó
ə	An guta neodrach (14.1)
ŋ	An foghar *ng* (10.4)
ʃ	*s* caol (11.3)
ɣ	*dh, gh* leathan (11.4)
x	*ch* leathan (11.4)
j	*dh, gh* caol (11.5)
ɑ	Guta íseal cúil (5.2)

5 Comharthaí Foghraíochta

Chun trácht a dhéanamh ar fhoghar bíonn gá go minic le comhartha scríofa lena aghaidh. Úsáidtear chuige sin gnáthlitreacha na haibítre Rómhánaí agus roinnt litreacha speisialta. (Féach Tábla 1 thuas).

Tá comhaontas idirnáisiúnta ann faoin gcineál foghair a seasann gach comhartha faoi leith dó; e.g. [s], seasann sé i gcónaí don chineál foghair a bhíonn ag deireadh *cos* agus dó sin amháin. Tá gnás ann comharthaí foghraíochta a chur idir lúibíní cearnacha nuair is é an cineál foghair a bhíonn i gceist, agus idir lúibíní claonta (e.g. /s/) nuair is fóinéim a bhíonn i gceist.

Chomh maith leo seo, tá dhá mharc speisialta
   (i)   ′ le caoile consain a chur in iúl, e.g. *fear* /f′ar/,
   (ii)   ' le béim a léiriú, e.g. *tobac* /tə'bak/

Nóta: Uaireanta úsáidtear an focal 'foghraíocht' mar Ghaeilge ar 'pronunciation'. Ach is féidir 'fuaimniú' a thabhairt air sin agus 'foghraíocht' a choinneáil le haghaidh 'phonetics' (an t-ábhar staidéir).

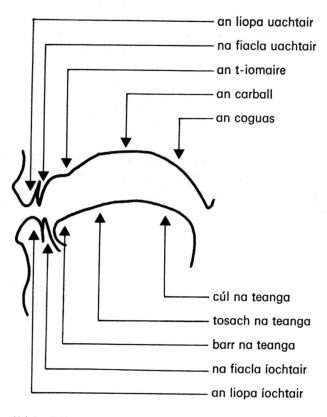

an liopa uachtair
na fiacla uachtair
an t-iomaire
an carball
an coguas

cúl na teanga
tosach na teanga
barr na teanga
na fiacla íochtair
an liopa íochtair

Léaráid 1. Páirteanna an bhéil (2.4)

2 Déantús na bhFoghar

1 An Anáil

Ó thaobh déantúis de tá an chaint bunaithe go hiomlán ar an anáil, i.e. an sruth aeir a bhíonn ag dul isteach sna scamhóga agus amach arís an t-am go léir. Is le sruth amach na hanála a dhéantar formhór mór na bhfoghar cainte.

2 Téada an Ghutha

Sa scornach, ag béal an phíobáin a théann isteach go dtí na scamhóga, tá dhá chomhla bheaga a dtugtar 'téada an ghutha' orthu. Dúnann siad isteach ar a chéile chun an píobán a dhúnadh agus an anáil a choinneáil isteach. Nuair a thagann siad gar dá chéile i sruth na hanála téann a gciumhaiseanna ar preabadh go mear, agus ar an gcaoi sin déantar an fhuaim úd ar a dtugtar 'glór' nó 'guth'.

3 Glórach agus Neamhghlórach

Bíonn glór le cuid d'fhoghair na cainte, ní bhíonn lena thuilleadh acu. Nuair nach mbíonn is amhlaidh a bhíonn na téada scartha amach go maith óna chéile. De na trí fhoghar atá in *cos* bíonn glór leis an gceann sa lár, ní bhíonn leis an dá cheann eile. Tugtar 'foghar glórach' ar fhoghar a bhfuil glór leis, 'foghar neamhghlórach' ar cheann nach bhfuil. Dá réir sin tá [s] neamhghlórach. Má chuirtear glór leis faightear an foghar [z], i.e. an foghar a bhíonn i lár an fhocail Bhéarla *cousin*.

4 Páirteanna an Bhéil

Tá trí chuid den bhéal atá soghluaiste, i.e. na liopaí, an teanga, agus an coguas (Féach Léaráid 1). Is leo a mhúnlaítear na foghair éagsúla. Is é an coguas an chuid bhog d'uachtar an bhéil taobh thiar.

11

Is féidir é a ardú agus é a ísliú, agus nuair a bhíonn sé ardaithe bíonn pasáiste na sróine dúnta. Mar shampla sa bhfocal *bí* bíonn an coguas ardaithe, ach sa bhfocal *mí* bíonn sé íslithe (i dtús an fhocail go háirithe). Is é staid an choguais a dhéanann an difríocht idir an dá fhoghar [b] agus [m]. (Féach Léaráidí 2 agus 3).

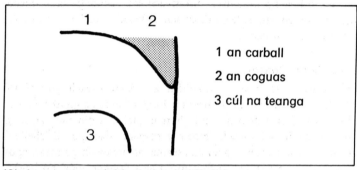

1 an carball
2 an coguas
3 cúl na teanga

(2) An coguas ardaithe le haghaidh [b]

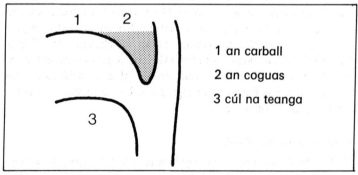

1 an carball
2 an coguas
3 cúl na teanga

(3) An coguas íslithe le haghaidh [m]

5 Baill na Cainte

Is féidir a rá go hachomair gur ceithre bhall den chorp a bhíonn páirteach i ndéantús na bhfoghar cainte. Is iad sin, téada an ghutha, an coguas, an teanga, agus na liopaí. 'Baill na cainte' a thugtar orthu sin le chéile. Chun cur síos cruinn iomlán a thabhairt ar dhéantús foghair áirithe ní mór a rá cén staid a bhíonn ar gach ball acu agus an foghar sin á dhéanamh.

Cleachtadh:

(1) Déan an foghar [z] os ard leis féin agus bain fad as. Lena linn sin dún do chluasa le do mhéara agus mothóidh tú dordán an ghlóir i do chloigeann. Déan [s] ansin agus ní bheidh aon dordán le mothú. Triail ansin an focal *cos;* ansin *cosa, gas, casóg.*

(2) Le cabhair scátháin scrúdaigh an taobh istigh de do bhéal. Séid anáil trí do shrón agus féach an coguas ag ísliú.

3 Gutaí agus Consain

1 Rangú na bhFoghar

Déantar foghair na cainte a rangú ar dtús ina dhá móraicme, i.e. na gutaí agus na consain. Tá an rangú seo bunaithe ar an gcaoi a ndéantar na foghair. Tugtar faoi deara gur foghair (nó fóinéimeanna) a bhíonn i gceist leis na téarmaí seo sa bhfoghraíocht de ghnáth. I gcomhthéacsanna eile litreacha den aibítir a bhíonn i gceist leo.

2 An Guta

Seo é an sainmhíniú atá ar ghuta: foghar glórach a dhéantar gan aon chur isteach ar an anáil, i.e. gan dúnadh ná cúngú a bheith sa bhéal lena linn. Mar shampla, is guta é an dara foghar sna focail seo: *cé, cá, cú*. Tá an téarma 'guta' bunaithe ar an bhfocal 'guth', agus foghar glórach a chiallaigh sé ar dtús. Ach ar ndóigh ní guta é gach uile fhoghar glórach.

3 An Consan

Tugtar 'consan' ar aon fhoghar, glórach nó neamhghlórach, a mbíonn cur isteach éigin ar phasáiste na hanála agus é á dhéanamh. Mar shampla, is consan é an chéad fhoghar sna focail seo: *cé, pé, sé, léi*. (Tá dúnadh sa chéad dá cheann, cúngú sa dara dhá cheann). Tagann 'consan' ó 'comh-son', i.e. son, nó foghar, a bhíonn in éineacht le foghar eile (i.e. guta): is deacair consan a rá leis féin gan guta a bheith roimhe nó ina dhiaidh.

4 An Siolla

Is iad na gutaí na foghair is suntasaí, i.e. seasann siad amach thar na consain. Is dá bharr sin a dhéantar siollaí. Bíonn de ghnáth a oiread siollaí i bhfocal agus a bhíonn de ghutaí ann; e.g. dhá cheann in *capall*, trí cinn in *capaillín*, ceithre cinn in *capaillíní*.

14

5 An Leathghuta

Uaireanta tarlaíonn sé go mbíonn dhá ghuta i ndiaidh a chéile, agus an chéad cheann chomh gearr sin nach ndéanann sé siolla ar bith uaidh féin. Bíonn a leithéid sin le cloisteáil sa bhfocal Béarla *yes*. Ag tús an fhocail sin tá an guta [i] ach é chomh gearr sin nach mbíonn sa bhfocal ach siolla amháin, i.e. an ceann a dhéanann [e]. *Leathghuta* a thugtar ar [i] sa chás sin. Mar fhoghar ann féin is guta é, ach feidhmíonn sé mar chonsan sa siolla. Is gnách é a áireamh mar chonsan i gcóras foghar an Bhéarla.

Cleachtadh:

(1) Déan an consan [p] (mar atá in *pé*) agus scrúdaigh an chaoi a ndúnann an béal go hiomlán chun é a dhéanamh.

(2) Scrúdaigh an leathghuta ag tús na bhfocal Béarla seo: *yawn, you, ye*. An bhfuil sé cruinn a rá gur leathghuta atá in *ye?*

4 Cineálacha Gutaí

1 Rangú ar Ghutaí

Tá a lán cineálacha gutaí in úsáid i dteangacha an domhain. Braitheann cáilíocht fuaime an ghuta ar an gcruth a bhíonn ar an teanga agus ar na liopaí le linn é a rá. (Is ionann 'cáilíocht fuaime' anseo agus na tréithe fuaime a dhealaíonn idir é agus gutaí eile). Dá bhrí sin chun rangú a dhéanamh ar ghuta is é an chéad rud a dhéantar, tuairisc a thabhairt ar chruth na teanga agus na liopaí.

2 Cruth na Teanga

Glactar leis go mbíonn cruth dronnach i gcónaí ar dhroim na teanga agus guta á dhéanamh. Chun tuairisc a thabhairt ar chruth na teanga deirtear (a) cé chomh hard is atá an dronn (i.e. ard, leathard, íseal), (b) cén áit sa bhéal a bhfuil sé (i.e. chun tosaigh, i lár, ar gcúl). Mar shampla an guta in *sí*, guta ard tosaigh atá ann; an guta in *fáth*, guta íseal cúil. Bíonn gá le roinnt mhaith cleachtaidh chun na téarmaí seo a úsáid go cruinn. (Féach Léaráidí 4 agus 5).

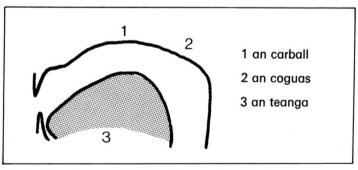

1 an carball

2 an coguas

3 an teanga

(4) Cruth na teanga le haghaidh an ghuta in *sí*

3 Cruth na Liopaí

Má chuirtear i gcomparáid an guta in *sí* agus an guta in *sú* feicfear difríocht shoiléir i gcruth na liopaí. In *sí* bíonn cúinní an bhéil tarraingthe siar beagán óna ngnáthshuíomh, i.e. bíonn siad leata. In *sú* tugtar cúinní na liopaí chun tosaigh beagán agus cuirtear iarracht de ghob ar na liopaí, i.e. bíonn siad cruinnithe. (Tugtar faoi deara nach mbíonn ach gluaiseacht an-bheag i gceist sa dá chás). Le haghaidh an ghuta in *sáith* bíonn cruth neodrach ar na liopaí.

4 Fad an Ghuta

Is minic a dhéantar gutaí a rangú freisin ina ngutaí fada agus gearra. Chun é sin a dhéanamh ní mór iad a chur i gcomparáid le chéile sa timpeallacht chéanna chomh fada agus is féidir. Mar shampla an guta in *mín* agus an guta in *min*, is léir go bhfuil siad sa timpeallacht chéanna, agus is léir freisin gur faide an guta sa chéad fhocal ná an guta sa dara ceann. Is féidir mar sin a rá gur guta fada atá in *mín*, guta gearr atá in *min*. Is deacair a rá cé acu tréith is mó a dhealaíonn idir an dá ghuta, an difríocht bheag sa bhfad nó an difríocht bheag sa cháilíocht. Is gnách gan ach an difríocht sa bhfad a thaispeáint i gcomharthaí foghraíochta na Gaeilge: /iː/ don ghuta in *mín*, /i/ don ghuta in *min*.

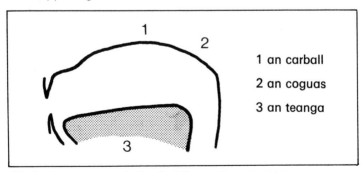

1 an carball
2 an coguas
3 an teanga

(5) Cruth na teanga le haghaidh an ghuta in *fáth*

Nóta: Uaireanta úsáidtear ceithre chéim airde teanga chun tuairisc a thabhairt ar ghuta; i.e. dúnta (= ard), leathdhúnta, leathoscailte, oscailte (= íseal).

Cleachtadh:

Is féidir an guta in *sí* a rangú mar seo: guta ard tosaigh leata fada. (N.B. ord na n-aidiachtaí sa tuairisc seo). Déan rangú ar an gcaoi chéanna ar na gutaí in *sé, sea, seo, seó.*

5 Gutaí Gearra na Gaeilge

1 An Córas

Tá an córas seo de ghutaí gearra le fáil sa Ghaeilge:

/i/ mar atá in *min*

/e/ mar atá in *geit*

/a/ mar atá in *deas, cas*

/o/ mar atá in *cos*

/u/ mar atá in *pus*

/ə/ mar atá in *póca, píce.*

2 An Guta /a/

Tá difríocht shoiléir idir /a/ mar atá sé in *deas* agus /a/ mar atá sé in *cas*. Sa Bhéarla dhá ghuta faoi leith atá iontu; cp. e.g. *hat, hot.* Sa Ghaeilge braitheann sé ar an timpeallacht cé acu a bhíonn in aon fhocal faoi leith. Ach is deacair tuairisc a thabhairt ar na timpeallachtaí ina bhfaightear iad leith ar leith, agus ar an ábhar sin is fearr le húdair áirithe glacadh leo mar dhá fhóinéim faoi leith. Sa chás sin úsáidtear an comhartha /a/ don cheann tosaigh, an comhartha /ɑ/ don cheann cúil. (Cp. an t-Aguisín, l. 56).

3 Na Gutaí /o/, /u/

Bíonn deacracht ag daoine uaireanta an difríocht idir /o/ agus /u/ a chloisteáil. Seo roinnt samplaí eile: /o/ de ghnáth in *seo, bog, col, cois, gob, post, stop, tur;* /u/ de ghnáth in *siopa, sioc, ubh, liom, guth, thug, rud, bus.* /o/ a bhíonn in *fliuch, ucht, luch, lucht* in áiteanna (C. Ch.), /u/ in áiteanna eile. /o/ a bhíonn in *beag* de ghnáth, leagan lárnaithe de, i.e. chun tosaigh ar an ngnáthshuíomh. Cp. *bheadh:* leagan den ghuta tosaigh /e/ a bhíonn ansin de ghnáth.

4 An Guta /ə/

Tugtar 'an guta neodrach' ar /ə/ mar gur cáilíocht neodrach, nó dhoiléir, atá aige. Guta leath-ard láir atá ann agus bíonn cruth neodrach ar na liopaí leis. Bíonn sé i gcónaí an-ghearr. Ní fhaightear é ach i siollaí gan bhéim, e.g. an dara siolla in *póca, capall, eolas, éadach*. Bíonn leagan ardaithe de ag deireadh focail i ndiaidh consain chaoil, e.g. in *píce, baile*. Uaireanta scríobhtar é seo mar /i/. I bhfocal mar *capaill* leagan de /i/ a bhíonn le cloisteáil agus is é a scríobhtar de ghnáth, ach glacann údair áirithe leis mar leagan de /ə/.

5 Gutaí Gearra an Bhéarla

Tá córas den sórt céanna le fáil i mBéarla na hÉireann: /i/ in *tin*, /e/ in *ten*, /a/ in *tan*, /ɑ/ in *top*, /o/ in *cup*, /u/ in *put*, /ə/ in *china*. I mBéarla Shasana gutaí eile a bhíonn in *top, cup*.

Tábla 2. Gutaí Gearra na Gaeilge

	Tosaigh	Láir	Cúil
Ard	i		u
Leath-ard	e	ə	o
Íseal	a		ɑ

Cleachtadh:

Cé acu /o/ nó /u/ a bhíonn agat féin sna focail Ghaeilge seo: *cupán, muga, riocht, tiocfaidh, bosca, mullach, coláiste?* Ag daoine eile sa rang?

6 Gutaí Fada na Gaeilge

1 An Córas

Tá an córas seo de ghutaí fada le fáil sa Ghaeilge:

/i:/ mar atá in *mín, maoin*
/e:/ mar atá in *éist, Gaeil*
/a:/ mar atá in *fearr, fáth*
/o:/ mar atá in *ceol, bó*
/u:/ mar atá in *fiú, cú.*

2 An Guta /i:/

Tá sé le tabhairt faoi deara nach mar a chéile go hiomlán /i:/ in *mín* agus /i:/ in *maoin*. Sa dara focal tá sé beagáinín ar gcúl, nó lárnaithe. Bíonn sé níos lárnaithe fós in *maol*. Is follas gurb í an timpeallacht, i.e. an consan roimhe agus an consan ina dhiaidh, is cúis leis na miondifríochtaí seo. Dá bhrí sin níl aon cheist ach gurb é an fhóinéim chéanna atá sna trí shampla seo.

3 An Guta /e:/

Ar nós an /i:/ in *maoin* tá an /e:/ in *Gaeil* lárnaithe roinnt, i.e. ar gcúl ón ngnáthshuíomh. Is lárnaithe fós in *Gael* é. In áiteanna (Cúige Mumhan) is é an guta /e:/ a bhíonn in *maol* agus i bhfocail eile a bhfuil *ao* iontu sa litriú, e.g. *caol, saor, naomh*. /e:/ a bhíonn san aidiacht *aon* i ngach canúint.

4 An Guta /a:/

In áiteanna guta íseal tosaigh, mar a bhíonn sa bhfocal Béarla *far* de ghnáth in Éirinn, a bhíonn i bhfocail ar nós *fearr, breá, meáchan*. Baineann an guta seo le timpeallacht faoi leith, i.e. i ndiaidh consain chaoil, agus mar sin is féidir a rá gur leagan é den fhóinéim /a:/.

21

Ach ó tharla go bhfuil difríocht shoiléir idir an dá ghuta, agus, mar a léiríonn na canúintí eile, nach gcaithfidh a leithéid seo de dhifríocht a bheith ann, is fearr le húdair áirithe a rá gur fóinéim faoi leith é. Bíonn gá ansin ar ndóigh le comhartha breise: is gnách /a:/ a scríobh in *fearr*, /ɑ:/ in *fáth*.

5 Gutaí Fada an Bhéarla

Tá an córas céanna de ghutaí fada le fáil i mBéarla na hÉireann: /i:/ in *see*, /e:/ in *say*, /a:/ in *farm*, /ɑ:/ in *form*, /o:/ in *so*, /u:/ in *sue*. Mar a léiríonn an péire focal *farm, form* ní féidir gan /a:/ agus /ɑ:/ a áireamh mar dhá fhóinéim faoi leith sa Bhéarla. I gcanúintí áirithe den Bhéarla ní guta glan a bhíonn in /e:/ ná /o:/, ach bíonn a gcáilíocht ag athrú roinnt agus iad ar siúl. An guta in *say*, mar shampla, tosaíonn sé mar shórt [e] agus athraíonn sé i dtreo [i]; d'fhéadfaí é a scríobh mar [ei]. 'Défhoghar' a thugtar ar ghuta den sórt sin.

Tábla 3. Gutaí Fada na Gaeilge

	Tosaigh	Láir	Cúil
Ard	i:		u:
Leath-ard	e:		o:
Íseal	(a:)		ɑ:

Cleachtadh:

An guta glan nó défhoghar a bhíonn agat féin in *say?* Abair an guta cúpla uair i ndiaidh a chéile: más défhoghar atá ann beidh gluaiseacht na teanga le mothú go soiléir. Foghlaim leis na focail seo a rá ar an dá chaoi: *play* (cp. G. *plé*), *may* (cp. G. *mé*), *shave* (cp. G. *séimh*).

7 Défhoghair na Gaeilge

1 An Téarma 'Défhoghar'

Mar a dúradh thuas (5.5) tugtar 'défhoghar' ar ghuta a dtagann athrú soiléir ar a cháilíocht agus é ar siúl; e.g. an guta sa bhfocal *togha* /tau/. Défhoghar iomlán atá sa cheann sin; i.e. bíonn a cháilíocht ag athrú ó thús go deireadh, ó chineál [a] cúil i dtreo cineál [u]. I gcásanna eile ní thagann athrú ar cháilíocht an ghuta ach i dtreo a dheiridh. Défhoghar den sórt sin atá in *tua* /tuə/: tá [u:] ina thús agus athraíonn sé go [ə] ina dheireadh.

Comhartha dhá litir a úsáidtear de ghnáth le haghaidh défhoghair.

2 An Défhoghar /au/

Tá an défhoghar /au/ i bhfocail mar *gabhar, bodhar, leabhar, rogha, poll, donn* (C. Ch., C. M. – ní défhoghar a bhíonn sna samplaí seo i gC. U.). Tá défhoghar den sórt céanna sa Bhéarla, in *now, our,* etc.

3 An Défhoghar /ai/

Tosaíonn an défhoghar /ai/ mar a bheadh cineál [a] tosaigh ann, agus athraíonn sé láithreach i dtreo cineál [i]. Tá sé le fáil i bhfocail mar *gadhar, leigheas, righin, aghaidh, éirigh* (C. Ch., C. M.). Tá défhoghar den sórt céanna sa Bhéarla, in *high, mine,* etc.

4 An Défhoghar /uə/

Tá sé seo le fáil in *tua, suas, buail, fuair,* etc. Uaireanta is féidir focail mar iad seo a chloisteáil mar fhocail dhá shiolla: e.g. *suas* a chloisteáil mar /su:əs/ in áit /suəs/. Braitheann sé, is cosúil, ar an bhfad a bhíonn sa chéad chuid den défhoghar. Níl a leithéid seo de dhéfhoghar sa Bhéarla agus is minic le cainteoirí Béarla /u:/ a chur ina áit.

23

5 An Défhoghar /iə/

Tá sé seo ar nós /uə/ sa méid go bhfuil dhá cháilíocht faoi leith le cloisteáil go soiléir ann: [i:] mar atá in *bí* ina thús, [ə] mar atá in *píce* ina dheireadh. Seo roinnt samplaí: *pian, iad, iasc, liath*. Níl aon défhoghar den sórt seo sa Bhéarla ach oiread, agus dá thoradh sin bíonn claonadh ag cainteoirí Béarla /i:/ a chur ina áit, go mór mór roimh chonsan (e.g. in *iad*).

Cleachtadh:

Déan comparáid idir an défhoghar agus an guta fada glan sna péirí focal seo: *thuas, (a) thús; uaire, úire; gual, (ar) gcúl; iasc, thíos; pian, fíon; siad, síoda.*

24

8 Cineálacha Consan

1 Rangú Consan

Rangaítear consain i dtosach de réir an cineál cur isteach a bhíonn
ar shruth na hanála (cp. 3.3). Seo iad na príomhaicmí a fhaightear
ar an gcaoi sin:

1. Consan pléascach (nó stop): stopadh iomlán ar an anáil, i.e. dúnadh
   sa bhéal agus an coguas ardaithe (2.4), e.g. [b] in *bó;*
2. consan srónach: stopadh iomlán ar an anáil sa bhéal ach cead amach
   tríd an tsrón aici, e.g. [m] in *mó;*
3. consan cuimilteach: cúngú in áit éigin sa bhéal ar chaoi go ndéanann
   an anáil fuaim chuimilteach ag dul amach di, e.g. [v] in *bhí;*
4. consan taobhach: seoltar an anáil amach le taobh an bhéil, e.g. [l]
   in *léi;*
5. consan creathach: cuirtear barr na teanga ag bualadh in aghaidh
   uachtar an bhéil, e.g. [r] in *rá.*

2 Áit Déanta an Chonsain

An dara rud a bhíonn le sonrú faoi chonsan, cén áit sa bhéal a
ndéantar é. Seo iad na háiteanna is mó a bhíonn i gceist sa Ghaeilge:
idir an dá liopa (consan liopach), e.g. [b] in *bó;*
idir an liopa íochtair agus na fiacla uachtair tosaigh (consan liopa-
dhéadach), e.g. [v] in *bhí;*
idir barr na teanga agus na fiacla uachtair tosaigh (consan déadach),
e.g. [d] in *dó;*
idir barr na teanga agus an t-iomaire ailbheolach (i.e. an chuid
d'uachtar an bhéil atá díreach taobh thiar de na fiacla) (consan
ailbheolach), e.g. [d] in *deo;*
idir cúl na teanga agus an coguas (2.4) (consan coguasach), e.g.
[g] in *gá.*

25

3 Glórach, Neamhghlórach

An tríú rud a bhaineann le rangú consan, cé acu glórach nó neamhghlórach atá siad (2.3). Tá [b] in *bó* glórach (cé gur glór an-lag a bheadh leis mura mbeadh guta roimhe – cp. *le bó*). Tá [p] in *pá* neamhghlórach. [p] análaithe a bhíonn sa Ghaeilge agus sa Bhéarla de ghnáth, i.e. bíonn puth beag anála ina dhiaidh. (Ní mar sin a bhíonn sa bhFraincis, mar shampla).

4 Cáilíocht an Chonsain

Mar is léir, déanann an teanga nó na liopaí gluaiseacht áirithe chun consan a dhéanamh. Ach chomh maith leis sin bíonn cruth áirithe ar an teanga lena linn sin. Má bhíonn cruth uirthi mar a bheadh le haghaidh guta aird thosaigh [i], bíonn cáilíocht chaol ag an gconsan (e.g. an [l] in *léi*). Má bhíonn cruth uirthi mar a bheadh le haghaidh guta aird chúil [u], bíonn cáilíocht leathan ag an gconsan (e.g. an [l] in *lae*). Tá an cháilíocht go mór i gceist i gconsain na Gaeilge.

Cleachtadh:

Consan pléascach liopach glórach atá ag tús an fhocail Béarla *bow*. Déan amach lipéad tuarascála den sórt céanna le haghaidh na gconsan in *mow, toe, sow, go, low*.

9 Consain Phléascacha na Gaeilge

1 Liopach

/b/ (glórach leathan) in *bó, buí, réabadh, gob;*

/b´/ (glórach caol) in *beo, bí, ribe, ráib;*

/p/ (neamhghlórach leathan) in *pá, pointe, siopa, ceap;*

/p´/ (neamhghlórach caol) in *píosa, peann, caipín, teip.*

I gcás /b/, /p/ bíonn cúl na teanga ardaithe agus na liopaí sáite amach beagán. I gcás /b´/, /p´/ bíonn tosach na teanga ardaithe agus na liopaí tarraingthe siar beagán.

2 Déadach

/d/ (glórach leathan) in *dó, daor, éadaí, cead;*

/t/ (neamhghlórach leathan) in *tá, tuí, cóta, leat.*

Bíonn cúl na teanga ardaithe agus iad seo á ndéanamh. (Féach Léaráid 6).

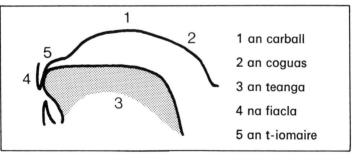

1 an carball
2 an coguas
3 an teanga
4 na fiacla
5 an t-iomaire

(6) Cruth na teanga le haghaidh /t/, /d/

27

3 Ailbheolach

/d′/ (glórach caol) in *deo, d'iarr, éide, séid;*
/t′/ (neamhghlórach caol) in *te, teas, eite, ait.*
Bíonn tosach na teanga ardaithe agus iad seo á ndéanamh. I gcanúintí áirithe teagmhaíonn tosach na teanga le cúl an iomaire ailbheolaigh agus nuair a bhíonn sé á bhogadh arís tarlaíonn sórt fuaime cuimiltí. 'Consan aifricéadach' a thugtar ar chonsan den chineál seo. Tá consain aifricéadacha sa Bhéarla: ceann glórach in *gin,* ceann neamhghlórach in *chin.* (Féach Léaráid 7).

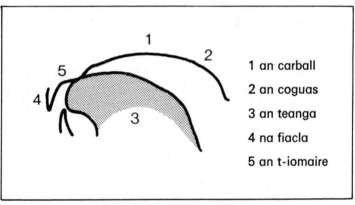

1 an carball
2 an coguas
3 an teanga
4 na fiacla
5 an t-iomaire

(7) Cruth na teanga le haghaidh /t′/, /d′/

4 Coguasach Cúil

/g/ (glórach leathan) in *gá, gaoth, óg, leag;*
/k/ (neamhghlórach leathan) in *cás, cuid, leac, íoc.*
Déantar iad seo san áit chéanna ina ndéantar /k/ an Bhéarla in *call.* Ach bíonn cruth neodrach ar na liopaí i gcónaí i gcás /g/, /k/ na Gaeilge; cp. *cool* sa Bhéarla. (Féach Léaráid 8).

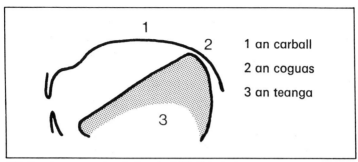

(8) Cruth na teanga le haghaidh /k/, /g/

5 Coguasach Tosaigh

/g′/ (glórach caol) in *gé, gearr, lig, cúig;*
/k′/ (neamhghlórach caol) in *cé, ceo, píce, béic.*
Déantar iad seo san áit chéanna ina ndéantar /k/ an Bhéarla in *keep.*
Ach bíonn tosach na teanga ardaithe beagán sa dá chonsan Gaeilge;
cp. Gaeilge *béic,* Béarla *bake.* (Féach Léaráid 9).

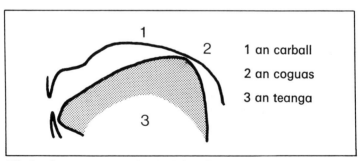

(9) Cruth na teanga le haghaidh /k′/, /g′/

6 Sleamhnóga

Cuireann cáilíocht an chonsain isteach beagán ar an nguta roimhe. I bhfocal mar *réab* athraíonn deireadh an /e:/ roimh an /b/ (leathan). De ghnáth ní bhíonn an t-athrú seo sách mór le go mbeadh an /e:/ ina dhéfhoghar. 'Sleamhnóg' a thugtar ar an iarracht bheag de [ə] a bhíonn le cloisteáil. Sleamhnóg leathan is ea é seo. Bheadh sleamhnóg chaol, i.e. iarracht de [i], le cloisteáil i bhfocal ar nós *ráib*, idir an guta cúil /a:/ agus an consan caol /b'/. Bheadh a leithéid chéanna le cloisteáil in *cúig*. Mar a léiríonn na samplaí sin scríobhtar na sleamhnóga sa ghnáthlitriú mar mhodh chun cáilíocht na gconsan a thaispeáint. Ach sa bhfogharscríobh fágtar gan scríobh iad de ghnáth.

Tábla 4. Consain Phléascacha na Gaeilge

	Liopach	Déadach	Coguasach
Leathan	p b	t d	k g
Caol	p′ b′	t′ d′	k′ g′

(An consan neamhghlórach atá ar clé i ngach bosca).

Cleachtadh:

Déan liosta de na consain phléascacha atá sa Bhéarla, agus déan comparáid idir iad agus na cinn Ghaeilge.

10 Consain Shrónacha na Gaeilge

1 Liopach

/m/ (glórach leathan) in *mó, maoin, cuma, díom;*
/m′/ (glórach caol) in *mí, meá, cime, cáim.*
Maidir leis an difríocht idir /m/ agus /m′/ cp. 9.1 thuas.

2 Déadach

/n/ (glórach leathan) in *ná, naoi, annamh, ann.*
Bíonn cúl na teanga ardaithe agus é seo á dhéanamh. (Féach Léaráid 10). I gcanúintí áirithe bíonn [n] ailbheolach leathan ag daoine i bhfocail mar *cónaí, fan, éan* (i.e. áit a mbíonn *n* amháin sa litriú i lár focail nó ag deireadh focail).

Faightear /hn/ (i.e. [n] neamhghlórach leathan) de bharr séimhiú ar an ngrúpa /sn/, e.g. in *mo shnua* (cp. 19.5 thíos).

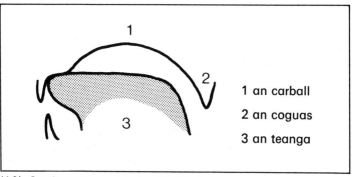

1 an carball
2 an coguas
3 an teanga

(10) Cruth na teanga le haghaidh /n/

31

3 Ailbheolach

/n′/ (glórach caol) in *níl, cine, cáin.*

Bíonn tosach na teanga ardaithe agus é seo á dhéanamh. (Féach Léaráid 11). I gcanúintí áirithe bíonn [n] carballach (caol) i bhfocail mar *níl, cinneadh, sáinn;* i.e. áit a mbíonn *n* ag tús focail, nó *nn* i lár focail nó ag deireadh focail. Is consan é seo a dhéantar le tosach na teanga i gcoinne an charbaill (i.e. an chuid chrua d'uachtar an bhéil, siar ón iomaire ailbheolach). /N′/ an comhartha air.

Faightear /hn′/ (i.e. [n] ailbheolach neamhghlórach) de bharr séimhiú ar an ngrúpa /ʃn′/, e.g. in *faoi shneachta* (cp. 19.5 thíos).

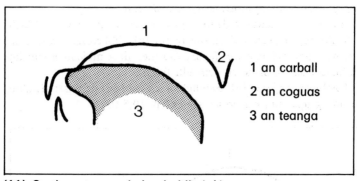

1 an carball
2 an coguas
3 an teanga

(11) Cruth na teanga le haghaidh /n′/

4 Coguasach Cúil

/ŋ/ (glórach leathan) in *teanga.* (Féach Léaráid 12).
Ní bhíonn i bhfocal mar *teanga* ach /ŋ/ leis féin i gcuid de na canúintí, /ŋg/ a bhíonn sa chuid eile; ar an gcaoi chéanna in *rang, long, ionga,* etc. /ŋk/ a bhíonn in *sonc, pleancadh,* etc.

Faightear /ŋ/ ag tús focail de bharr urú ar /g/, e.g. *ar an ngaoth* (cp. 20.1 thíos).

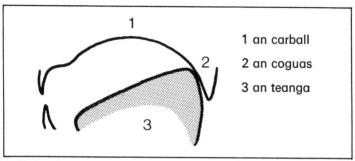

1 an carball

2 an coguas

3 an teanga

(12) Cruth na teanga le haghaidh /ŋ/

5 Coguasach Tosaigh

/ŋ'/ (glórach caol) in *daingean*. (Féach Léaráid 13).

/ŋ'/ leis féin a bhíonn i bhfocal mar *daingean* i gcuid de na canúintí, /ŋg'/ a bhíonn sa chuid eile; ar an gcaoi chéanna in *cuing, aingeal,* etc. /ŋk'/ a bhíonn in *rince*.

Faightear /ŋ'/ ag tús focail de bharr urú ar /g'/, e.g. *ar an ngeata* (cp. 20.1 thíos).

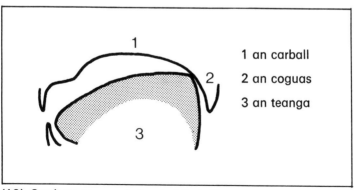

1 an carball

2 an coguas

3 an teanga

(13) Cruth na teanga le haghaidh /ŋ'/

Tábla 5. Consain Shrónacha na Gaeilge

	Liopach	Déadach	Coguasach
Leathan	m	hn n	ŋ
Caol	m′	hn′ n′	ŋ′

Cleachtadh:

Déan liosta de na consain shrónacha atá sa Bhéarla, agus cuir i gcomparáid iad leis na cinn atá sa Ghaeilge.

11 Consain Chuimilteacha na Gaeilge

1 Liopach

/v/ (glórach leathan) in *bhuail, mhol, ábhar, léamh;*
/f/ (neamhghlórach leathan) in *fuar, tofa.*

Bíonn cúl na teanga ardaithe agus an dá chonsan seo á ndéanamh (mar a bhíonn freisin le haghaidh /w/ an Bhéarla). Bíonn na liopaí sáite amach beagán (ní hionann agus /w/ an Bhéarla). Ag a lán daoine is beag fuaim chuimilteach a bhíonn in /v/ (na Gaeilge) ach amháin roimh chonsan eile: *bhraith, bhlais.*

Úsáideann údair áirithe an comhartha /w/ in áit /v/. (Féach Léaráid 14).

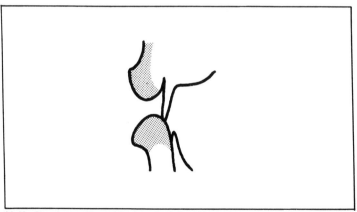

(14) Cruth na liopaí le haghaidh /f/, /v/

2 Liopa-dhéadach

/v'/ (glórach caol) in *bhí, mheas, saibhir, séimh;*
/f'/ (neamhghlórach caol) in *fiú, fear, deifir.*
Agus iad seo á ndéanamh bíonn tosach na teanga ardaithe agus na
liopaí tarraingthe siar beagáinín. (Féach Léaráid 15).

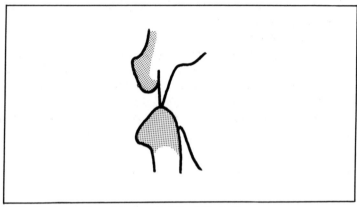

(15) Cruth na liopaí le haghaidh /f'/, /v'/

3 Ailbheolach

/s/ (neamhghlórach leathan) in *suí, cas, béas;*
/ʃ/ (neamhghlórach caol) in *sí, deis, cúis.*
Tá /s/ na Gaeilge cosúil le /s/ an Bhéarla (e.g. in *see*) ach amháin
cúl na teanga a bheith ardaithe don chonsan Gaeilge. Tabhair faoi
deara an tsleamhnóg roimhe in *béas*, agus cuir i gcomparáid leis
base an Bhéarla. Ar an gcaoi chéanna tá /ʃ/ na Gaeilge cosúil le /ʃ/
an Bhéarla (e.g. in *she*) ach amháin tosach na teanga a bheith ardaithe
don chonsan Gaeilge. Tabhair faoi deara an tsleamhnóg roimhe
in *cúis.*

Ní gá marc na caoile a chur le /ʃ/.

4 Coguasach Cúil

/x/ (neamhghlórach leathan) in *chaith, seachain, féach;*
/γ/ (glórach leathan) in *dhá áit, ghoid.*
Níl an dá chineál consain seo sa Bhéarla ar chor ar bith, agus dá bharr sin is deacair go minic le cainteoirí Béarla iad a dhéanamh i gceart. Tabhair faoi deara nach bhfaightear /γ/ ach ag tús focail.

5 Coguasach Tosaigh

/x'/ (neamhghlórach caol) in *cheap, sheol;*
/j/ (glórach caol) in *dhíol, ghearr.*
Níl aon [x] tosaigh ach an oiread sa Bhéarla. Ach is mar a chéile /j/ de ghnáth agus an leathghuta /j/ sa Bhéarla, e.g. in *yet.* Is é sin cé go n-áirítear é mar chonsan coguasach tosaigh i gcóras foghar na Gaeilge, is éard atá ann ó cheart ná leathghuta carballach. Ach roimh chonsan eile, e.g. in *ghléas,* consan cuimilteach dáiríre a bhíonn ann, i.e. [γ] tosaigh.

6 Glotasach

/h/ (neamhghlórach) in *hata, thíos, bóthar.*
Is mar a chéile é seo agus /h/ an Bhéarla. Ní gá an cháilíocht a lua: bíonn sé sin ag brath go hiomlán ar an nguta ina dhiaidh. I bhfocal mar *maith* ní bhíonn aon /h/ le cloisteáil de ghnáth ag a dheireadh ach amháin nuair a leanann focal dar tús guta é, e.g. in *is maith é.*

Tábla 6. Consain Chuimilteacha na Gaeilge

	Liopach	Ailbheolach	Coguasach
Leathan	f v	s	x γ
Caol	f' v'	ʃ	x' j

Cleachtadh:

Cad iad na consain chuimilteacha atá sa Bhéarla nach bhfuil a leithéidí sa Ghaeilge?

12 l-anna agus r-anna na Gaeilge

1 *l* Déadach

/l/ (glórach leathan) in *lá, lae, balla, dall*.

Bíonn cúl na teanga ardaithe agus é seo á dhéanamh. I gcanúintí áirithe bíonn [l] ailbheolach leathan ag daoine i bhfocail mar *ola, boladh, seal;* i.e. áit a mbíonn *l* amháin sa litriú i lár focail nó ag deireadh focail.

Faightear /hl/ (i.e. [l] neamhghlórach leathan) de bharr séimhiú ar an ngrúpa /sl/, e.g. in *mo shláinte.*

2 *l* Ailbheolach

/l′/ (glórach caol) in *léi, baile, file, cáil*.

Bíonn tosach na teanga ardaithe agus é seo á dhéanamh. I gcanúintí áirithe bíonn [l] carballach (caol) i bhfocail mar *liath, buille, filleadh, caill;* i.e. áit a mbíonn *l* ag tús focail, nó *ll* i lár focail nó ag deireadh focail. /L′/ an comhartha air.

Faightear /hl′/ (i.e. [l] neamhghlórach caol) de bharr séimhiú ar an ngrúpa /l′/, e.g. in *mo shlí.*

3 *r* Leathan

/r/ (glórach) in *rá, rí, corrach, fuar*.

Déantar é seo le buille bríomhar den teanga i gcoinne an iomaire ailbheolaigh. (Uaireanta bíonn níos mó ná buille amháin ann). [r] de chineál eile is gnách sa Bhéarla anois, i.e. [r] aisiompaithe: is amhlaidh a iompaítear barr na teanga siar taobh thiar den iomaire ailbheolach chun é a dhéanamh. Bíonn an [r] aisiompaithe sin le cloisteáil sa Ghaeilge freisin uaireanta.

Faightear /hr/ (i.e. [r] neamhghlórach leathan) de bharr séimhiú ar na grúpaí /tr/, /sr/, e.g. in *mo thrua, mo shrón.*

4 *r* Caol

/r'/ (glórach) in *aire, cuir, fuair.*

É seo freisin, déantar é le buille bríomhar den teanga i gcoinne an iomaire ailbheolaigh, ach sa chás seo bíonn tosach na teanga ardaithe chun a cháilíocht chaol a thabhairt don fhoghar. Is deacair níos mó ná buille amháin a chur sa cheann seo.

Faightear /hr'/ (i.e. [r] neamhghlórach caol) de bharr séimhiú ar an ngrúpa /tr'/, e.g. *mo thriúr mac.*

Cleachtadh:

Cén sórt cáilíochta a bhíonn ar /l/ an Bhéarla? (Scrúdaigh é i suíomhanna éagsúla i do chuid Béarla féin). Déan [r] creathach mar a bhíonn sa Ghaeilge, agus déan cleachtadh ar fhad a bhaint as, i.e. é a choinneáil ar siúl chomh fada agus is féidir leat.

13 Grúpaí Consan

1 Grúpa Consan

Is minic a bhíonn grúpa consan le chéile ag tús nó ag deireadh siolla; e.g. in *crá* tá an grúpa tosaigh /kr/ agus in *alt* tá an grúpa deiridh /lt/. In *acra* is féidir a rá go bhfuil grúpa /kr/ ina lár. Ní grúpa tosaigh é ach sa chás go ndéarfaí é mar /a-krə/ (áit a dtaispeánann an fleiscín roinnt na siollaí). Is féidir é a rá freisin mar /ak-rə/. (Ní furasta an dá fhuaimniú a aithint thar a chéile).

2 Difríochtaí Teanga

Ní úsáideann aon teanga ach grúpaí áirithe consan, agus ní hiad na grúpaí céanna go díreach a fhaightear ó theanga go chéile. Mar shampla tá grúpa tosaigh [dl] sa Ghaeilge (e.g. in *dlí*) ach níl a leithéid sa Bhéarla. Sa Bhéarla tá [tw] (e.g. in *twin*), ach níl sa Ghaeilge. Níl an grúpa tosaigh [pn] i gceachtar den dá theanga seo ach tá i dteangacha eile. Ceadaíonn an Béarla [kt] mar ghrúpa deiridh (e.g. in *act*), ach níl sé sin sa Ghaeilge ([xt] an rud is gaire dó, e.g. in *bocht*).

3 Cáilíocht an Ghrúpa

De ghnáth sa Ghaeilge bíonn an cháilíocht chéanna ag an dá chonsan sa ghrúpa; féach e.g. /kr/ in *crá,* /k'r'/ in *cré,* nó /lt/ in *alt,* /l't'/ in *ceilt.* Ós mar sin a bhíonn is leor sa bhfogharscríobh marc na caoile a chur leis an dara litir, i.e. /kr'/, /lt'/. Ach tá trí eisceacht le tabhairt faoi deara:

(a) /r/ (i.e. [r] leathan) a bhíonn i gcónaí roimh /t'/, /d'/, /n'/, /l'/, /ʃ/, e.g. in *páirt, aird, airneán, comhairle, tuirse;*

(b) /x/ (leathan) a bhíonn i gcónaí roimh /t'/, e.g. in *na boicht;*

(c) /s/, ní /ʃ/, a bhíonn roimh /b′/, /m′/, e.g. in *spéir, smig,* ach /ʃ/
a bhíonn roimh chonsain chaola eile, e.g. in *stiall, scéal, sníomh,*
sliabh.

/s/ a bhíonn roimh chonsan leathan ach amháin (i gcanúintí áirithe)
roimh /r/: *sráid* /sraːd′/ nó /ʃraːd′/, *srian* /sriən/ nó /ʃriːn/.

Cleachtadh:

Cad iad na grúpaí tosaigh atá sa Ghaeilge nach bhfuil sa Bhéarla?
Cé acu /s/ nó /ʃ/ a bhíonn sna focail seo: *ospidéal, isteach, taisme?*
An bhfuil siad de réir na rialach thuas?

14 Gutaí Cúnta

1 An Guta Cúnta

Tugtar 'guta cúnta' ar an dara guta i bhfocal mar *arm* /arəm/. Is guta é nach scríobhtar sa ghnáthlitriú. Ní gá sin mar aon áit a bhfuil *rm* (nó grúpaí áirithe eile litreacha) sa litriú caithfidh guta cúnta a bheith sa bhfuaimniú. Ag féachaint air ó thaobh an litrithe de is féidir a rá gur cúnamh é an guta seo chun *rm* a fhuaimniú. Nó ag féachaint air ó thaobh stair na teanga de is féidir a rá gur fhás an guta seo mar chúnamh chun an grúpa /rm/ a rá.

2 Cáilíocht an Ghuta Chúnta

Braitheann cáilíocht an ghuta chúnta ar cháilíocht an dá chonsan a bhfuil sé eatarthu. (Bíonn an dá chonsan sin i gcónaí ar aoncháilíocht). /ə/ a bhíonn ann idir dhá chonsan leathana; e.g. in *arm, gorm*. /i/ a bhíonn ann idir dhá chonsan chaola; e.g. in *airm, gairm*.

3 Na Grúpaí Litreacha

Is iad seo leanas na grúpaí litreacha a mbíonn guta cúnta leo de ghnáth: *lb (Albain), lbh (seilbh), lm (colm), lmh (foilmhe), lg (bolg), lch (Ó Gallchóir), nb (binb), nbh (banbh), nm (ainm), nmh (ainmhí), nch (seanchas), rb (borb), rbh (dearbhú), rm (gairm), rg (dearg), rch (dorcha), rf (foirfe)*. Ach ní bhíonn guta cúnta leo de ghnáth má tá guta fada nó défhoghar roimh an ngrúpa: cuir i gcomparáid *ceolmhar, óinmhid, díorma*. Ná ní bhíonn sé de ghnáth i gcomhfhocal ar nós *sean-chat, an-mhór* (ach i gC. M. *seana-, ana-*, a bhíonn roimh gach consan).

4 Míniú Foghraíochta

Tá bunús áirithe leis na grúpaí seo ó thaobh na foghraíochta de. An chéad chonsan, ceann de na foghair [l, n, r] a bhíonn ann. Is aicme foghar ar leith iad seo, i.e. consain leanúnacha neamh-chuimilteacha déadacha (nó ailbheolacha). An dara consan, ceann de na foghair [b, g, m, v, f, x] a bhíonn ann, i.e. consain áirithe liopacha nó choguasacha. Le tabhairt faoi deara tá, nach bhfaightear guta cúnta le consain phléascacha neamhghlóracha, i.e. [p, k]; féach e.g. *corp, olc*. Focal eisceachtúil is ea *colpa* /kaləpə/ ('calf of leg').

5 Cásanna Eile

I gC. M. bíonn guta cúnta le cloisteáil i roinnt cásanna eile chomh maith. Go háirithe bíonn sé le cloisteáil go minic nuair a tharlaíonn na grúpaí thuas ina malairt d'ord; e.g. in *eagla, seomra, aifreann*. I gC. M. freisin bíonn guta cúnta idir [h] agus [r] nó [n], i bhfocail áirithe ar aon nós; e.g. in *athrú* /ahəru:/, *aithne* /ahin'ə/. I gcanúintí eile is amhlaidh a bhíonn an [h] i ndiaidh an [r] nó an [n] (i.e. /arhu:/, /an'hə/), sin nó ní bhíonn sé ann in aon chor (i.e. /aru:/, /an'ə/).

Cleachtadh:

An bhfuil a leithéid de rud agus guta cúnta le fáil sa Bhéarla?

15 Béim an Fhocail

1 Béim

I bhfocal a bhfuil níos mó ná siolla amháin ann is gnách go seasann
siolla amháin amach thar an gcuid eile: mar shampla an chéad siolla
sa bhfocal *carthanach*. Tarlaíonn sé sin de bharr breis bheag fuinnimh
a bheith leis an siolla sin. 'Béim' a thugtar ar an mbreis fuinnimh
sin. Glactar leis nach mbíonn ach béim amháin i bhfocal de ghnáth.
Nuair is gá an bhéim a thaispeáint sa bhfogharscríobh cuirtear an
marc ' roimh an siolla a bhfuil an bhéim air: *tobac* /tə'bak/.

2 Suíomh na Béime

Sa Ghaeilge is ar an gcéad siolla den fhocal a bhíonn an bhéim de
ghnáth: mar shampla in *capall, áthasach, méaracán, comhionannas*.
Ach tá dornán beag focal ann a mbíonn an bhéim ar an dara siolla
iontu (i ngach canúint). Seo iad na cinn is coitianta: *dáiríre,
Déardaoin, macalla, tobac, tráthnóna*. Focal iasachta is ea *tobac*.
Frásaí atá sna focail eile ó bhunús. Eisceachtaí eile (ó thaobh an
litrithe de) is ea na dobhriathra *abhaile, amach, amháin, anois, inné,*
agus eile.

3 Comhfhocail

Leanann na comhfhocail an gnáthnós tríd is tríd, i.e. an bhéim ar
an gcéad siolla: mar shampla *bunscoil, dea-dhuine, mícheart,
neamhchead, príomhrud, réamhfhocal, seanteach, sothuigthe*. I gcás
na réimíre *an-* bíonn dhá bhéim ann, mar shampla in *an-mhaith*
/'an 'wa/. Gabhann dhá bhéim freisin le *fíor-*, mar shampla
fíor-aisteach /'f'i:r 'aʃd'əx/. Le *droch-, corr-* is gnách béim amháin
(ar an réimír), ach uaireanta bíonn béim ar an ainmfhocal chomh
maith: *drochdhuine, corrdhuine*. Ní bhíonn béim de ghnáth ar an
réimír *ró-* ná ar an réimír *in-* : *róbheag, indéanta*.

44

4 Suíomh na Béime i gC. M.

I gC. M. bíonn an bhéim ar an dara siolla de ghnáth i bhfocail ar
nós *cupán, coinín, múinteoir;* i.e. focail a bhfuil guta fada sa dara
siolla iontu. Ach i bhfrása ar nós *coinín bán* is ar an aidiacht *(bán)*
a bheadh an bhéim agus bheadh an méid céanna fuinnimh leis an
dá shiolla den ainmfhocal. Is ar an dara siolla a bhíonn an bhéim
go minic freisin i bhfocail ar nós *portach, bacach, praiseach.* /ax/ a
bhíonn sna focail seo i gC. M. mar a bhíonn i gC. U. (/əx/ a bhíonn
i gC. Ch.). Tabhair faoi deara gur guta gearr atá sa chéad siolla
sna samplaí seo. Nuair is guta fada nó défhoghar atá sa chéad siolla
is air sin a bhíonn an bhéim, mar shampla in *taoiseach, ualach.*

5 Coimriú ar an gCéad Siolla

I bhfocal mar *coróin* bheadh an bhéim ar an dara siolla i gC. M.,
agus de ghnáth sa bhfuaimniú ní bhíonn ann anois ach aon siolla
amháin: /kro:n'/. Cailleadh /ə/ an chéad siolla agus rinneadh grúpa
tosaigh den /k r/. 'Coimriú' a thugtar ar fhorás den sórt seo. Cúpla
sampla eile: *paróiste, coláiste, salach.* Tá an fuaimniú 'Muimhneach'
seo ar chúpla focal i gC. Ch. féin: *coróin, arán* /ra:n/, *biorán* /br'a:n/,
foláir /fl'a:r/ (ach /fla:r'/ i gC. M.).

Cleachtadh:

Cén áit a mbíonn an bhéim agat féin sna focail seo: *fadó, amadán,
feirmeoir, coileach, olagón, éirí, imeacht?* Ag daoine eile? (Cuir in
abairtí dóibh iad agus iarr orthu na habairtí a léamh os ard).

16 Bá

1 An Téarma 'Bá'

Is minic a chailltear guta neodrach ag deireadh focail sa chaint. Tarlaíonn sé sin go rialta sa Ghaeilge nuair a thagann focal eile dar tús guta go dlúth ina dhiaidh. Mar shampla an frása *duine óg*, déarfaí de ghnáth é mar /din' o:g/. 'Bá' a thugtar ar a leithéid sin: 'báitear' an /ə/ ag deireadh *duine* roimh an /o:/ in *óg*.

2 Bá sa Ghaeilge

Tá a lán focal sa Ghaeilge a chríochnaíonn ar an nguta neodrach, agus dá bharr sin tarlaíonn bá go minic; cúpla sampla eile: *hata ard, fáinne óir, cé rinne é?, is liomsa é, tada eile*. Báitear an guta neodrach i ndiaidh guta eile chomh maith: e.g. in *a dó a chlog, tá sé a' fás, bhris sé a chois, tiocfaidh sé anocht*. I sampla mar *(chonaic) mé a athair* /m'e: ahir'/ báitear an guta ón dá thaobh. I sampla mar *(is) mise a mhac* /m'iʃə vak/ ní féidir a rá cé acu an -*e* nó an *a* a bháitear. In *(is) mise a athair* /m'iʃ ahir'/ báitear an dá cheann acu.

3 Cosc ar Bhá

Is féidir i gcónaí an bá a chosc. Tá trí shlí chun é a dhéanamh. Is féidir moill bheag a dhéanamh idir an dá ghuta; nó is féidir trí iarracht ar leith an guta neodrach a fhuaimniú agus díreach ina dhiaidh an guta eile; nó fós, is féidir téada an ghutha a dhúnadh go tapaidh idir an dá ghuta. De bharr an dúnta seo déantar foghar gearr pléascach ar a dtugtar 'stop glotasach'. Bíonn a leithéid sin le cloisteáil go háirithe sa léitheoireacht os ard.

4 Bá Consain

Is féidir an téarma 'bá' a úsáid i dtaobh consain chomh maith. De ghnáth cailltear an /d/ sa ghrúpa deiridh /xd/ roimh chonsan eile, e.g. in *beannacht leat*. Is féidir a rá go mbáitear an /d/ anseo. Nó is féidir a rá gurb amhlaidh a dhéantar simpliú ar an ngrúpa sa suíomh seo, i.e. ó –/xd/ go dtí –/x/. I bhfrása mar *fan nóiméad* ní bheadh ach /n/ amháin le cloisteáil sa bhfuaimniú de ghnáth. Go deimhin aon áit a mbeadh an consan céanna ag deireadh focail amháin agus ag tús an fhocail ina dhiaidh ní bheadh sé le cloisteáil ach uair amháin sa bhfuaimniú. D'fhéadfaí féachaint air seo freisin mar chineál bá. Ach ní hionann agus bá guta, ní gnách an bá seo a thaispeáint sa bhfogh:arscríobh: scríobhfaí *fan nóiméad* mar /fan no:m'e:d/.

Cleachtadh:

Éist le taifeadadh d'amhrán Gaeilge á chanadh ag cainteoir dúchais. Tabhair faoi deara cad a tharlaíonn i ngach áit ina bhféadfadh bá guta tarlú.

17 Comhshamhlú

1 An Téarma 'Comhshamhslú'

Uaireanta sa chaint tagann athrú ar chonsan ag deireadh focail faoi anáil an chonsain ag tús an fhocail ina dhiaidh. Mar shampla /n/ (i.e. [n] leathan) a bhíonn ag deireadh an fhocail *lean* nuair a deirtear leis féin é. Ach in *lean sé mé* /n'/ (i.e. [n] caol) a bheadh ann de ghnáth. Is amhlaidh a dhéanann an cainteoir an [n] san áit chéanna leis an [ʃ] in *sé,* i.e. ar an iomaire ailbheolach. 'Comhshamhlú' an téarma ar a leithéid sin: déantar an /n/ a chomhshamhlú leis an /ʃ/, i.e. déantar cosúil leis an /ʃ/ é ar shlí áirithe.

2 Comhshamhlú na Ghaeilge

Comhshamhlú cáilíochta atá le feiceáil sa sampla sin thuas: glacann an chéad chonsan cáilíocht an chonsain ina dhiaidh chuige féin, i.e. /n ʃ/ → /n' ʃ/. Tá an cineál seo comhshamhlaithe an-choitianta sa Ghaeilge, go háirithe i gcás [n], [l], [r]. Seo roinnt samplaí eile:
caolú ar /n/ roimh /l'/ in *chomh sean leis;*
caolú ar /l/ roimh /ʃ/ in *scéal sí;*
leathnú ar /r'/ roimh /ʃ/ in *fuair sé.*
Is gnách /r'/ a leathnú roimh aon cheann de na consain seo (bídís caol nó leathan): [l, n, t, d, s, ʃ]. Dá réir sin cé gur /r'/ a bhíonn sa réamhfhocal *ar* /er'/ roimh ghuta, e.g. in *ar iasacht,* /r/ a bhíonn ann sna frásaí seo: *ar domhan, ar na fir, ar tí, ar saoire, ar siúl.*

3 Cásanna faoi leith

Tá cásanna de chomhshamhlú ann nach mbaineann ach le focail faoi leith. Mar shampla [n] an ailt *an,* is minic a bhíonn [ŋ] ina áit roimh chonsan coguasach, e.g. in *sin é an ceann;* uaireanta bíonn [m] ina áit roimh chonsan liopach, e.g. in *sin é an bóthar.* I gcanúintí áirithe /ʃ/ a bhíonn sa chopail *is* roimh /d'/ nó /g'/, e.g. in *is deas é*, *is gearr*.

4 Cosc ar Chomhshamhlú

Is féidir an comhshamhlú a chosc, ar nós mar is féidir a dhéanamh leis an mbá, trí iarracht ar leith a dhéanamh a cháilíocht dhílis féin a thabhairt don chéad chonsan sa tsraith. Déanann daoine é sin go háirithe sa léitheoireacht os ard.

Cleachtadh:

Éist le taifeadadh de phíosa nádúrtha cainte ó chainteoir dúchais, agus féach an féidir leat aon samplaí de chomhshamhlú a chloisteáil.

18 Caolú agus Leathnú

1 Athruithe Gramadúla

I dteangacha áirithe, an Ghaeilge ina measc, is minic a thagann athrú beag ar chruth focail ar chúis ghramadúil éigin, is é sin de réir fheidhm an fhocail san abairt. Mar shampla an focal *seol,* bíonn a dheireadh caol sa bhfrása *bád seoil* toisc é a bheith faoi réir ag *bád,* nó i dtéarmaíocht na gramadaí, sa 'tuiseal ginideach'. Athrú gramadúil is ea an caolú seo, agus ní hionann é ar chor ar bith agus an caolú a tharlódh de bharr comhshamhlú.

2 Caolú

An caolú atá le feiceáil sa sampla thuas, tá sé an-choitianta mar athrú gramadúil sa Ghaeilge. Uaireanta téann an caolú i bhfeidhm ar an nguta roimh an gconsan deiridh chomh maith. Más /ə/ atá ann mar shampla, déantar /i/ de: *solas* /soləs/ ach *teach solais* /soliʃ/. Tarlaíonn an t-athrú /a/ → /i/ sa bhfocal *cat, ceann cait* /kit′/ mar shampla. Uaireanta ní bhíonn sa chaolú ach cuid den athrú a théann ar an bhfocal. Mar shampla in *cor coise* tá caolú ar an /s/ in *cos,* agus chomh maith leis sin tá an guta breise /ə/ curtha ina dhiaidh.

3 Leathnú

Athrú eile a fhaightear ag deireadh an fhocail sa Ghaeilge is ea leathnú. Níl sé chomh coitianta leis an gcaolú. Tá sé le fáil mar shampla in *athair, cóta m'athar.* Tá sé le fáil in éineacht le guta breise sa tuiseal ginideach d'fhocal ar nós *bliain, ar feadh bliana.*

4 Tionchar an Chomhshamhlaithe

Ó thaobh na foghraíochta féin de is mar a chéile uaireanta an caolú a tharlaíonn trí chomhshamhlú agus caolú na gramadaí. Mar shampla is mar a chéile an leagan den fhocal *scéal* a bheadh le cloisteáil in *an scéal sin* agus in *tús an scéil*. Is treise an comhshamhlú ná an ghramadach: déanann sé athrú uaireanta áit nach cóir é de réir na gramadaí (in *an scéal sin*), agus uaireanta eile coisceann sé athrú gramadúil; mar shampla in *uimhir an chairr sin* d'fhanfadh an [r] in *carr* leathan roimh an [ʃ].

Cleachtadh:

Bailigh roinnt samplaí den chaolú ag feidhmiú chun an uimhir iolra d'ainmfhocal a dhéanamh (*bád, báid* etc.). An bhfaightear é le gach uile chonsan?

19 Séimhiú

1 Athruithe Tosaigh

An dá athrú ghramadúla a pléadh thuas, is é sin caolú agus leathnú, baineann siad le deireadh an fhocail. 'Athruithe deiridh' atá iontu. Ach tá athruithe eile ann a bhaineann le tosach an fhocail, 'athruithe tosaigh'. Mar shampla, déarfá *bád* leis féin le /b/ ina thosach; ach in *mo bhád* /v/ a bhíonn ina thosach: athraíonn an /b/ go dtí /v/ toisc *mo* a bheith roimhe. Is cás é seo den athrú tosaigh a dtugtar 'séimhiú' air. Dhá phríomhchineál athraithe tosaigh atá sa Ghaeilge, séimhiú agus urú.

2 An Séimhiú

Ní féidir cur síos a dhéanamh ar an séimhiú in aon riail shimplí amháin mar is féidir a dhéanamh leis an gcaolú. Ní mór a rá céard a tharlaíonn do gach aon chonsan faoi leith. Seo leanas mar a athraíonn siad:

/b/ → /v/: *mo bhád;*	/b′/ → /v′/: *mo bhean;*
/p/ → /f/: *mo phóca;*	/p′/ → /f′/: *mo pheann;*
/d/ → /ɣ/: *mo dhóthain;*	/d′/ → /j/: *mo dhícheall;*
/t/ → /h/: *mo thoil;*	/t′/ → /h/: *mo theach* /hax/;
/g/ → /ɣ/: *mo ghlór;*	/g′/ → /j/: *mo gheall;*
/k/ → /x/: *mo chóta;*	/k′/ → /x′/: *mo chion;*
/m/ → /v/: *mo mhála;*	/m′/ → /v′/: *mo mhéar;*
/f/ → ø: *m'fháinne;*	/f′/ → ø: *m'fhear;*
/s/ → /h/: *mo shaol;*	
/ʃ/ → /h/ roimh ghuta tosaigh: *mo sheal* /hal/;	
→ /x′/ roimh ghuta cúil: *mo shiúl* /x′u:l/.	

52

3 Míniú Fograíochta

Mar atá le feiceáil sa tábla sin téann an séimhiú i bhfeidhm ar na consain phléascacha go léir. (I gcásanna áirithe ní théann sé i bhfeidhm ar [d, t] i ndiaidh [n]; mar shampla i ndiaidh *aon*.) Is amhlaidh a dhéantar consain chuimilteacha díobh. Tríd is tríd is san áit chéanna sa bhéal a dhéantar an consan séimhithe agus an consan bunaidh; eisceacht is ea na consain dhéadacha. Déantar consan cuimilteach freisin de [m]. Déantar consan cuimilteach eile den chonsan cuimilteach /s/, agus a dhála sin ag /ʃ/. Imíonn [f] as ar fad.

4 Séimhiú ar [l, n]

Cé nach dtaispeántar é sa litriú déantar séimhiú ar [l, n] i gcanúintí áirithe, mar seo:

/l/ → /l̲/: *mo lámh;* /L'/ → /l'/: *mo leas;*

/n/ → /n̲/: *mo náire;* /N'/ → /n'/: *mo nead.*

Tá an séimhiú ar /l, n/ neamhchoitianta anois.

5 Séimhiú ar Ghrúpa Consan

Téann an séimhiú i bhfeidhm ar an gcéad chonsan i ngrúpa ar an ngnáthshlí; mar shampla *mo bhróg* /vro:g/. Is eisceachtaí /s, ʃ/. Roimh chonsan pléascach ní théann séimhiú orthu seo; mar shampla in *mo speal, mo stól, mo scéal.* Ná ní théann séimhiú orthu roimh [m] ach an oiread: *mo smaointe, mo smig.* I gcás /ʃl'/ faightear [l] neamhghlórach (a scríobhtar mar [hl]): *mo shlí.* Tarlaíonn a leithéid chéanna i gcás /sl/, /ʃn'/, /sn/, /ʃr/.

20 Urú agus Athruithe Eile

1 An t-Urú

Cosúil leis an séimhiú braitheann sé ar an gconsan atá i gceist cén t-athrú go díreach a tharlaíonn faoin urú. Seo tábla á léiriú (bíonn urú i gcónaí i ndiaidh *ár*):

/b/ → /m/: *ár mbád;*   /b′/ → /m′/: *ár mbeatha;*

/p/ → /b/: *ár bpócaí;*   /p′/ → /b′/: *ár bpeacaí;*

/d/ → /n/: *ár ndóthain;* /d′/ → /n′/: *ár ndícheall;*

/t/ → /d/: *ár dturas;*   /t′/ → /d′/: *ár dteanga;*

/g/ → /ŋ/: *ár ngaolta;* /g′/ → /ŋ′/: *ár ngearán;*

/k/ → /g/: *ár gcás;*   /k′/ → /g′/: *ár gcion;*

/f/ → /v/: *ár bhfocal;* /f′/ → /v′/: *ár bhfiacha.*

2 Míniú Foghraíochta

Téann an t-urú i bhfeidhm ar na consain phléascacha agus ar [f]. Is féidir riail réasúnta simplí a thabhairt faoin rud a tharlaíonn. Is é sin: más consan neamhghlórach é cuirtear glór leis (e.g. /p/ → /b/), más consan glórach cheana é déantar consan srónach de (e.g. /b/ → /m/).

3 *n*- roimh Ghuta

I gcóras gramadaí na Gaeilge áit a mbíonn urú ar chonsan bíonn [n] roimh ghuta; e.g. *ár n-athair* /nahir′/, *ár n-easpag* /n′asbəg/ (nó /nasbəg/), *ár n-iarracht* /n′iərəxd/.

4 *h* roimh Ghuta

I gcásanna áirithe cuirtear *h* roimh ghuta; e.g. *chomh hard, go hálainn, a hathair* ('her father'). Tá sé le tabhairt faoi deara go dtarlaíonn sé seo i ndiaidh míreanna áirithe nach leanann séimhiú ná urú iad; cp. *chomh mór, go breá, a máthair.*

5 *t-* roimh Ghuta

Cuirtear [t] roimh ghuta in aon chás amháin, i.e. i ndiaidh an ailt *(an)* le hainmfhocal firinscneach sa tuiseal ainmneach, uimhir uatha: *(sin é) an t-am, (sin é) an t-im.*

6 *t* roimh *S*

Athraíonn [s] (nó [ʃ]) go [t] i ndiaidh *an* (an t-alt) sa chás go mbeadh séimhiú ar chonsan eile; e.g. *an tsúil* /tu:l'/ (ainmfhocal baininscneach sa tuiseal ainmneach), *(cúrsaí) an tsaoil* /ti:l'/ (ainmfhocal firinscneach sa tuiseal ginideach). Taispeántar an t-athrú seo ar an gcaoi chéanna a dtaispeántar an t-urú, i.e. tríd an gconsan nua a scríobh roimh an gconsan bunaidh. Ach ní urú é ach cineál séimhithe.

Cleachtadh:

Déan comparáid chúramach idir an séimhiú agus an t-urú féachaint cé acu is casta.

Aguisín: An Fhóinéim /a/

Mar a míníodh thuas (6.2) is féidir [a] tosaigh (mar atá in *bean*) agus [a] cúil (mar atá in *ban*) a áireamh mar dhá leagan den fhóinéim chéanna sa Ghaeilge: braitheann sé ar an timpeallacht cé acu a bhíonn in aon fhocal faoi leith. Tá dhá rud go háirithe le rá ar son an dearcaidh seo: (a) fágann sé nach gá úsáid a bhaint as an gcomhartha breise [ɑ] sa bhfogharscríobh; (b) i dtimpeallachtaí áirithe is deacair a rá go minic cé acu den dá leagan a bhíonn le cloisteáil, e.g. i bhfocal mar *teach*. Os a choinne sin ní mór a rá gur deacair rialacha soiléire a thabhairt faoi dháileadh an dá leagan, agus dá bhrí sin ba chabhair é don fhoghlaimeoir é a bheith le feiceáil láithreach cé acu leagan a bhí in aon fhocal faoi leith.

Seo leanas na timpeallachtaí a mbíonn /a/ ina ghuta tosaigh iontu de ghnáth:

A 1 ø   – C′, e.g. *ait*

    2 C′ – ø, e.g. *sea*

    3 C′ – C′, e.g. *veain* (timpeallacht neamhchoitianta)

    4 C′ – C, e.g. *ceap* (eisceacht: /ʃ/ – /g, k, x/, e.g. *seacht*)

    5 Cd – C′, e.g. *tais* (Cd = /d, t, n, r, s/)

    6 ø   – /h/, e.g. *athair* (eisceacht: *athar* uaireanta)

    7 /h/ – ø, e.g. *ní hea*

    8 /h/ – /s/, e.g. *sheas* (uaireanta [a] cúil)

      Cd – /h/, e.g. *taithí* (uaireanta [a] cúil).

(Dá n-áireofaí /h/ mar chonsan caol níor ghá 6. – 9. a lua).

Seo leanas na timpeallachtaí a mbíonn /a/ ina ghuta cúil iontu de ghnáth:

B 1 ø – C, e.g. *abair* (ach [a] tosaigh uaireanta roimh Cd, e.g. *asal)*

  2 C – ø, e.g. *ba* (iolra *bó*)

  3 C – C, e.g. *bac*

  4 Cb – C′, e.g. *baile* (Cb = /b, p, m, f, w, g, k, y, x, n, l/)

  5 /ʃ/ – /g, k, x/, e.g. *seacht*

  6 Cb – /h/, e.g. *baithis*

  7 /h/ – C (ach amháin /s/), e.g. *halla* (ach uaireanta [a] tosaigh roimh Cd, e.g. *hata*).

Tá sé le tabhairt faoi deara go n-athraíonn an guta má athraíonn an timpeallacht. [a] tosaigh a bhíonn in *ait* (cp. A. 1.), ach [a] cúil a bhíonn in *b'ait* (cp. B.4.). [a] tosaigh a bhíonn in *seal* (cp. A. 4.), ach [a] cúil a bhíonn de ghnáth in *mo sheal* (cp. B 7).

Gluais

aicme b. 4. 'class' 'division' (3.1)
aifricéadach aid. 'affricate' *consan a.* (9.3)
ailbheolach aid. 'alveolar' *consan a.* (8.2)
ainmfhocal f. 1. 'noun' (20.5)
aisiompaithe aid. 'retroflex' *consan a.* (12.4)
anáil b. 3. 'breath' (2.1)
análaithe aid. 'breathed' 'aspirated' (8.3)
ardaithe aid. 'raised' (6.4)

bá f. 'elision' (16.1)
baininscneach aid. 'feminine' (20.6)
ball f. 1. 'member' *baill na cainte* 'the organs of speech' (2.5)
barr f. 1. 'top' *barr na teanga* 'the tip of the tongue' (8.2)
béim b. 2. 'stress' (15.1), *gan bhéim* 'unstressed' (5.4)

cáilíocht b. 3. 'quality' (4.1, 7.1, 17.2)
caint b. 2. 'speech' (1.1, 2.1)
canúint b. 3. *(canúna)* 'dialect' 'accent' (6.3, 6.4, 6.5)
caol aid. 'slender' 'palatalized' (8.4)
caolú f. 'palatalization' (17.2, 18.2)
carball f. 1. '(hard) palate' (10.3)
carballach aid. 'palatal' (10.3)
claonadh f. 'tendency' (7.5)
coguas f. 1. 'velum' 'soft palate' (2.4)
coguasach aid. 'velar' *consan c.* (9.4)
coimriú f. 'syncope' (15.5)
comhaontas f. 1. 'agreement' (1.5)
comhartha f. 4. 'symbol' *c. foghraíochta* 'phonetic symbol' (1.5)

comhfhocal f. 1. 'compound word' (14.3, 15.3)
comhla b. 4. 'valve' (2.2)
comhshamhlú f. 'assimilation' (17.1)
consan f. 1. 'consonant' (3.3)
córas f. 1. 'system' (1.3, 6.1)
creathach aid. 'trilled' 'rolled' *consan c.* (8.1)
cruinnithe aid. 'rounded' (4.3)
cruth f. 3. 'shape' 'form' (4.1, 7.1, 17.2)
cúl f. 1. 'back' *guta cúil* 'back vowel' (4.3)
cuimilteach aid. 'fricative' *consan c.* (8.1)
cúngú f. 'narrowing' 'constriction' (3.2, 8.1)
cúnta aid. 'auxiliary' *guta c.* 'epenthetic vowel' (14.1)
cur f. 1. *c. isteach* 'interference' (3.2, 8.1)
dáileadh f. 4. 'distribution' (Aguisín)
déadach aid. 'dental' *consan d.* (8.2)
déantús f. 1. 'production' 'formation' (2.1)
défhoghar f. 1. 'diphthong' (6.5, 7.1)
dronn b. 2. 'hump' (4.2)
dronnach aid. 'arched' 'convex' (4.2)
dúnadh f. 4. 'closure' (3.2)
dúnta aid. 'closed' *guta d.* 'close vowel' (4. nóta)

eisceacht b. 3. 'exception' (Aguisín)

feidhm b. 2. 'function' (18.1)
feidhmigh br. 'serve' 'function' (3.5)
fiacail b. 2. 'tooth' *fiacla uachtair* 'upper teeth' (8.2)
firinscneach aid. 'masculine' (20.5)
foghar f. 1. '(speech-) sound' (1.1)
fogharscríobh f. '(phonetic) transcription' (9.6, 13.3)
foghraíocht b. 3. 'phonetics' (1.1, 1. nóta)
fóinéim b. 2. 'phoneme' (1.4, 1.5, Aguisín)

forás f. 1. 'development' (15.5)
fuaim b. 2. 'sound' (1.1)
fuaimniú f. 'pronunciation' (1. nóta)
fuinneamh f. 1. 'energy' 'force' (15.1)

glan aid., *guta g.* 'pure vowel' (6.5)
glór f. 1. 'voice' (2.2)
glórach aid. 'voiced' (2.3, 8.3, 20.2)
glotasach aid. 'glottal' (11.6, 16.3)
gnás f. 1. 'convention' (1.5)
grúpa f. 4. 'group' *g. consan* 'consonant cluster' (13.1)
guta f. 4. 'vowel' (3.2)
guth f. 3. 'voice' (2.2)

iomaire f. 4. 'ridge' *an t-i. ailbheolach* 'the alveolar ridge' (8.2)

lár f. 1. 'centre' *guta láir* 'central vowel' (5.4)
lárnaithe aid. 'centralized' (5.3, 6.2)
leagan f. 1. 'version' 'variety' (5.4, Aguisín)
leanúnach aid. 'continuant' *consan* 1. (14.4)
leata aid. 'spread' (4.3)
leathan aid. 'broad' 'velarized' (8.4)
leathard aid. 'mid' (4.2)
leathghuta f. 4. 'semivowel' (3.5)
leathnú f. 'velarization' (17.2, 18.3)
liopa f. 4. 'lip' (2.4), *liopa íochtair* 'lower lip' (8.2)
liopach aid. 'labial' *consan l.* (8.2)
liopa-dhéadach aid. 'labio-dental' (8.2, 11.2)
lipéad f. 1. 'label' (8. Cleachtadh)
lúibín f. 4. 'bracket' *l. cearnach* 'square bracket' (1.5)

mír b. 2. 'particle' (20.4)
múnlaigh br. 'shape' 'form' (2.4)

neamhchuimilteach aid. 'non-fricative' *consan n.* (14.4)
neamhghlórach aid. 'voiceless' (2.3, 8.3, 20.2)
neodrach aid. 'neutral' (4.3); *guta n.* 'neutral vowel' (5.4)

oscailte aid. 'open' *guta o.* (4. nóta)

pasáiste f. 4. 'passage' *p. na sróine* 'the nasal passage' (2.4)
píobán f. 1. 'pipe' (sa chorp) (2.2)
pléascach aid. 'plosive' *consan p.* (8.1)

rangú f. 'classification' (3.1, 4.4)
réimír b. 2. 'prefix' (15.3)

scamhóg b. 2. 'lung' (2.1)
séimhiú f. 'lenition' (19.1)
siolla f. 4. 'syllable' (3.4, 15.1)
sleamhnóg b. 2. 'glide' (9.6)
soghluaiste aid. 'mobile' (2.4)
son f. 1. (focal ársa) 'sound' (3.3)
srónach aid. 'nasal' *consan s.* (8.1)
sruth f. 3. 'stream' *s. na hanála* 'the breath stream' (8.1)
stop f. 4. 'stop' *s. glotach* 'glottal stop' (16.3)
suíomh f. 1. 'position' (4.3)
suntasach aid. 'prominent' (3.4)

taifeach f. 1. 'analysis' (1.2)
taifeadadh f. 'recording' (16. Cleachtadh)
taobhach aid. 'lateral' *consan t.* (8.1)
téad b. 2. 'cord' *téada an ghutha* 'the vocal cords' (2.2)
teanga b. 4. (a) 'tongue' (2.4), (b) 'language' (1.1)
timpeallacht b. 3. 'environment' (4.4, Aguisín)

tosach f. 1. 'front' *guta tosaigh* 'front vowel' (4.3)

tréith b. 2. 'feature' (4.4)

tuarascáil b. 3. *lipéad tuarascála* 'descriptive label' (8. Cleachtadh)

tuiseal f. 1. 'case' *t. ainmneach* 'nominative case' *t. ginideach* 'genitive case' (18.1)

urú f. 'eclipsis' (20.1)